（宋）蘇軾 撰

明成化本東坡七集

第二册

國家圖書館出版社

第二册目録

東坡集四十卷（卷第一—三）

卷第二

重刊明成化本東坡七集

東坡集目錄

第一卷

詩四十七首

第二卷

詩八十三首

和子由記園中草木十一首 周公廟後潤德泉

避世堂

自清平鎮遊南山十一首

樓觀 五郡 授經臺 大秦寺

仙遊潭五首 調水符 姚氏山亭

招隱亭 淩虛臺

竹䶉 渼陂魚

讀道藏 微雪南谿小酌至晚

題南溪竹上二小詩 會獵葦園

第三卷

詩七十六首

沈諫議召遊湖不赴二絶　和歐陽少師會老堂次韻

和歐陽少師寄趙少師次韻

監試呈諸試官　望海樓晚景五絶

試院煎茶　孫莘老求墨妙亭詩

李公擇求黄鶴樓詩　看月懷子由并崔度賢良

催試官考較戲作　復登望海樓和前篇五首

第四卷

詩八十八首

秋懷二首　哭歐公僧惠思示小詩次韻

梵天寺僧守詮小詩次韻　和陳述古拒霜花

與臨安令宗人同年劇飲　寶山晝睡

第五卷

詩一百三首

僧清順新作垂雲亭　與呂仲有等同泛湖遊北山

有美堂和周邠見寄二首　席上代人贈別三首

天目山上不聞雷震　進和子由洛下所寄五首

過廣愛寺三首　韓子華石淙莊

立秋日禱雨宿靈隱寺　獨遊靜慈荅周長官見寄

病中遊祖塔院　虎跑泉

佛日山榮長老方丈五絶　癸丑春分後雪

第六卷

詩九十九首

景純見和復次韻贈之三首　柳子玉亦見和因以送之

荅子玉家宴用前韻見寄　次韻景純見和二首

書金山寺壁　大風留金山兩日

俞康直所居四詠 退圃 遯軒 逸堂 遠樓　遊鶴林招隱二首

書普慈長老壁 志誠　書焦山綸長老壁

刁景純席上和謝生二首　留別金山寶覺圓通二長老

無錫道中賦水車　次韻杭州周令見寄二首

雨中飲酒二首　次韻沈長官三首

戲書吴江三賢畫像三首　和劉孝叔會虎丘二首

過永樂文長老已卒　贈張刁二老

第七卷

詩八十三首

次韻章傳道喜雨

謝郡人田賀二生獻花

惜花

和頡教授見寄

和子由四首 韓太祝送遊太山 首夏官舍即事 送春 送李供備席上和李詩

西齋

小兒

寄劉孝対

孔長源挽詞二首

寄呂穆仲寺丞

余主簿母挽詞

送趙寺丞寄陳海州

答陳述古二首

張安道樂全堂

張文裕挽詞

懷西湖寄晁美叔同年　和梅戶曹會獵鐵溝

祭常山回小獵　和章七出守湖州二首

和張子野見寄三絕句　和蔣夔寄茶

荅李邦直

和文與可洋川園池三十首

湖橋　横湖　書軒　冰池　竹塢　荻浦　蓼嶼　望雲樓

天漢臺　待月臺　二樂榭　灙泉亭　吏隱亭　霜筠亭

無言亭　露香亭　涵虚亭　溪光亭　過溪亭　披錦亭

禊亭　菡萏亭　荼蘼洞　篔簹谷　寒蘆港　此君庵

金橙徑　南園　北園　野人廬

寄題刁景純藏春塢　玉盤盂二首

和潞公超然臺次韻　聞喬太傅换左藏知欽州

第八卷

詩七十二首

雪夜獨宿柏仙庵　和孔郎中荊林馬上見寄

留别雩泉　留别釋迦院牡丹呈趙倅

留題董儲郎中故居　次韻劉貢父見戲

除夜大雪元日早晴遂行　大雪懷東武園亭寄孔周翰

次韻李公擇以詩相迎二首　和孔君亮郎中見贈

送范景仁遊洛中　次韻景仁留别

書韓幹牧馬圖　送魯元翰少卿知衛州

次韻送蔣夔赴代州學官　和李邦直沂山祈雨有應

宿州次韻劉涇

和孔密州五絶

荅任師中家漢公　初别子由

次韻吕梁仲屯田　章質夫寄惠崔徽真

次韻荅王鞏見寄　雨中送李邦直赴史館二首

代書荅梁先　次韻仲屯田見寄

河復　韓幹馬十四匹

次韻吴正字王户曹二首　贈寫　御容妙善師

哭刁景純　荅吕梁仲屯田

張寺丞益齋　荅孔周翰求書與詩

送李公恕赴闕

第九卷

詩六十八首

春菜　送鄭戶曹

虔州八境圖八首　讀孟郊詩二首

訪張山人得山中字二首　送孔郎中赴陝

與梁左藏會飲傅國博家　寒食日荅公擇三絕

約公擇飲是日大風　坐上賦戴花得天字

夜飲次韻畢推官　續麗人行

聞李公擇飲傅國博家二首　起伏龍行

聞公擇過雲龍張山人　送李公擇

送筍芍藥與公擇二首　和孫莘老次韻

游張山人園　杜介熙熙堂

次韻荅劉涇　攜鼓樂游張山人園

種德亭　次韻荅文與可見寄

戲問辯才法師復歸上天竺　和子由送將官梁左藏仲通

次韻秦觀秀才見贈　鮮于子駿見遺吴道子畫

雨中過舒教授　次韻舒教授寄李公擇

送鄭戶曹　次韻黄魯直見贈古風二首

次韻荅舒教授觀余所藏墨　送鄭戶曹賦席上果得榧子

送胡掾　荅仲屯田次韻

次韻荅寄州宋國博　荅范祖禹

次韻荅王定國　芙蓉城

鄆州新堂月夜二首　送將官梁左藏赴莫州

次韻子由送趙屼歸覲錢塘　中秋月三首

中秋見月寄和二首　戲王鞏自謂惡客

次韻王定國馬上見寄　與頓起孫勉泛舟得未字

次韻荅頓起二首

第十卷

詩七十七首

九日黄樓作　謝太虚以黄樓賦見寄

九日次韻王鞏　送頓起

送孫勉

李思訓畫長江絶島圖

次韻荅王鞏

張安道見示近詩

次韻王鞏顔復同泛舟

次韻張十七九日贈子由

次韻王鞏獨眠

次韻王鞏留別

登雲龍山

次韻僧潛見贈

次韻潛師放魚

遊戲馬臺二首

滕縣時同年西園

次韻王廷老九日見寄

次韻參寥師寄秦觀三絶

與參寥師行園中得黄耳蕈

百步洪二首

送參寥師

夜過舒堯文戲作

十月十五日觀月黄樓席上

次韻荅田國博部夫還二首　荅田國博見示石炭詩

荅郡中同僚賀雨　罷徐州往南京寄子由五首

次韻曹九章見贈　書泗州孫景山西軒

過淮三首贈景山兼寄子由　舟中夜起

去金山五年而復至　遊惠山

贈惠山僧惠表　贈錢道人

會松江得風字二首　次韻關令送魚

第十一卷

詩七十二首

次韻秦太虛見戲耳聾　端午遍游諸寺得禪字

第十二卷

詩八十九首

二六五四

第十三卷

詩八十一首

蜜酒歌　荅二猶子與王郎見和

謝陳季常惠一揞巾　贈黃山人

問大治長老乞桃花茶栽　魚蠻子

弔李臺卿　曹既見和復次其韻

次韻孔毅甫集句見贈五首　復出東門仍用前韻

食柑　大寒步至東坡贈巢三

元脩菜　三月三日點燈會客

上巳出游隨所見作句　日日出東門

別黃州　武昌山上聞黃州鼓角

宿石田驛南野人舍　將至筠先寄遲适遠三猶子

端午游真如遲适遠從　別子由三首

初別子由至奉新作　同年程筠求先墳二詩 思成堂 歸真亭

過建昌李野夫公擇故居　初入廬山三首

宿圓通禪院　戲子由弃次慎老韻五首

過温泉　戲徐凝瀑布詩

書李公擇白石山房　贈東林揔長老

題西林壁　廬山二勝 開先漱玉亭 栖賢三峽橋

陶驥子駿佚老堂二首　和李太白二首

次韻道潛留別

第十四卷

詩七十九首

岐亭五首　郭祥正家醉畫竹石壁上

龍尾硯詩　以銅劍易張近龍尾子石硯

張作詩送硯反劍乃和歸劍　哭幹兒二首

蘖致遠見和復次其韻二首　次荆公韻四絶

張庖民挽詩　次韻蘖致遠見贈

次韻杭人裴維甫　次韻段縫見贈

題孫思邈真　戲作鮰魚一絶

和王斿二首　次韻張琬

次韻王定國南遷回見寄　贈梁道人

雍秀才畫草蟲八物（促織 天水牛 蟬 蠍虎 蝦蟇 蝸牛 蜣蜋 鬼蝶）

泗州蕭淵東軒二首　除夜黃師是送酥酒二首

章錢二君見和復次韻荅之　雪中過淮謁客回作二首

劉乙新作射亭　孫莘老寄墨四首

留題蘭皋亭　和人見贈

和田仲宣見贈　和王勝之三首

記夢

第十五卷

二十六

詩七十二首

寄蘄簟與蒲傳正　寄怪石石斛與魯元翰

漁父四首　李憲仲哀詞

贈醫眼王生彥若　與歐育等六人飲酒

觀杭州鈐轄歐育刀劍戰袍

王伯敭所藏趙昌畫四首 梅花 黃葵 芙蓉 山茶

寄吴德仁兼簡陳季常　題王逸少帖

書林逋詩後　和仲伯達

春日　贈袁陟

蘇子容母陳夫人挽詞　歸宜興留題竹西寺三首

與孟震同遊常州僧舍三首　贈常州報恩長老二首

次韻荅賈耘老　墨花

送竹几與謝秀才　溪陰堂

次韻許遵　贈章默

贈葛葦　贈王寀　送穆越州

神宗皇帝挽詞三首　南都妙峰亭

贈杜介　金山妙高臺

送楊傑　次韻孫莘老斗野亭

楊康功有石狀如醉道士　次韻送徐大正

次韻徐積　追作淮口遇風詩戲用其韻

築高麗亭館一絶

第十六卷

詩八十八首

次韻朱光庭初夏

次韻朱光庭喜雨

祭西太一和韓川韻四首

西太一見荊公詩次韻二首

次韻子由送陳侗知陝州

送賈訥倅眉二首

送程建用

次韻李脩孺留别二首

次韻黄魯直赤目

和周正孺墜馬傷手

戲周正孺二絶

題文與可墨竹

潘推官母李氏挽詞

玉堂栽花周正孺有詩次韻

杜介送魚

送杜介歸揚州

秋詠石屏

和黄魯直燒香二首

再和二首

武昌西山

二九七

送宋彭州迎侍二親　郭熙畫秋山平遠

次韻張昌言喜雨　晁補之所藏與可畫竹三首

戲用晁補之韻　書皇親畫扇

書李世南所畫秋景　書王主簿所畫折枝二首

王堂獨坐懷王定國　和張耒高麗松扇

故李承之待制挽詞　送張天覺河東提刑

送張天覺得山字　次韻王定國揚州倅

第十七卷

詩八十八首

贈李道士　次韻張舜民倅虢州留別

次韻米黻二王書跋尾二首　次韻宋肇惠澄心紙二首

郭熙秋山平遠二首　送歐陽辯監澶州酒

謝賜燕并御書進詩一首　和王晉卿

謝王澤州寄長松二首　次韻劉貢父所和憶持國二首

次韻劉貢父叔姪扈駕　次韻韓康公置酒見留

次韻王都尉偶得耳疾　送喬仝寄賀君六首

送家安國教授歸成都　和子由省宿致齋三首

次韻荅張天覺二首　次韻黄魯直畫馬

送李方叔　和王晉卿送梅花

和宋肇遊西池次韻

書王晉卿畫著色山二首　送呂昌明知嘉州

郭明父潁州西齋二首

第十八卷

詩一百一十七首

次韻秦少章和錢蒙仲　次韻錢越州

同秦仲二子雨中游寶山　去杭十五年復游西湖

與莫同年雨中飲湖上　送子由使契丹

次韻荅劉景文左藏　送嵩嵐軍通判葉朝奉

文登白石遺梅子明次韻　次韻錢越州見寄

取彈子渦石養石菖蒲　次韻毛滂法曹感雨詩

第十九卷

第二十卷

銘二十首

卻鼠刀銘　硯銘九首

金星洞銘　文與可琴銘

山堂銘　遠遊庵銘

徐州蓮華漏銘　三槐堂銘

菩薩泉銘　石鼎銘

六一泉銘　大覺鼎銘

頌一首

仁宗皇帝御書頌

贊十七首

第二十一卷

雜文二十二首

第二十四卷

謝失覺察妖賊放罪表　謝量移汝州表

乞常州居住表　到常州謝表二首

登州謝上表二首　辭免起居舍人第一狀

辭免起居舍人第二狀　辭免中書舍人狀

謝中書舍人表二首　辭免翰林學士第一狀

辭免翰林學士第二狀　謝宣名入院表二首

謝翰林學士表二首　謝賜對衣金帶馬表二首

笏記二首　辭免侍讀狀

謝除侍讀表二首　謝賜御書詩表

謝三伏早出院表

第二十六卷

表十六首 笏記附

謝除龍圖閣學士表二首　謝賜對衣金帶馬表二首

笏記二首　杭州謝上表二首

杭州謝放罪表二首　賀明堂赦書表二首

謝賜曆日詔書表二首　賀興龍節表

賀坤成節表

啓十一首

謝秋賦試官啓　謝南省主文啓五首

謝制科啓　賀楊龍圖啓

鳳翔到任謝執政啓　賀吴副樞啓　荅許狀元啓

第二十七卷

啓三十首

謝館職啓　賀韓丞相啓

荅曾學士啓　賀歐陽少師致仕啓

賀韓丞相再入啓　密州到任謝執政啓

荅楊屯田啓二首　謝監司薦舉啓

徐州謝兩府啓　賀吕副樞啓

賀趙大資致仕啓　荅陳齋郎啓

賀文太尉啓　登州謝兩府啓

第二十八卷

第二十九卷
書一十首

第三十卷

書九首

記十四首

第三十三卷

記五首

祝文三十四首

禱雨蟠溪文　鳳翔太白山祈雨文

奏乞封太白山神狀　告封太白山明應公文

杭州祭諸神文十首　密州祭常山文五首

徐州祭枯骨文　謝雪文

祭風伯雨師文　湖州謁文宣王廟文

湖州謁諸廟文　杭州謁廟祝文

謁文宣王廟祝文　祭英烈王文

杭州祝文八首

第三十五卷

祭文二十五首

一之五十五

第三十八卷

神道碑一首

趙清獻公神道碑

第三十九卷

神道碑一首

司馬温公神道碑

墓誌四首

范景仁墓誌銘　亡妻王氏墓誌銘

乳母任氏墓誌銘　保母楊氏墓誌銘

第四十卷

釋教二十三首

光道人真贊　淨因淨照臻老真贊
書楞伽經後　書黄魯直李氏傳後
書正信和尚塔銘後

東坡集

東坡集卷第一

詩四十七首

辛丑十一月十九日既與子由别於鄭州西門之外馬上賦詩一篇寄之

不飲胡為醉兀兀此心已逐歸鞍發歸人猶自念庭闈今我何以慰寂寞登高回首坡隴隔惟見烏帽出復没苦寒念爾衣裘薄獨騎瘦馬踏殘月路人行歌居人樂僮僕怪我苦悽惻亦知人生要有别但恐歲月去飄忽寒燈相對記疇昔夜雨何時聽蕭瑟君知此意不可忘慎勿苦愛高官職嘗有夜雨對床之言故云爾

和子由澠池懷舊

人生到處知何似應似飛鴻踏雪泥泥上偶然留指爪鴻飛那復計東西老僧已死成新塔壞壁無由見舊題往日崎嶇還記否路長人困蹇驢嘶往歲馬死於二陵騎驢至澠池

次韻和劉京兆石林亭之作石本唐苑中物散流民間劉購得之

都城日荒廢往事不可還惟餘故苑石漂散尚人間公來始購蓄不憚道里艱盡從塵埃中來對冰雪顏瘦骨拔凛凛蒼根漱潺潺唐人唯奇章好石古莫攀

盡令屬牛氏刻鑿紛班班嗟此本何常聚散實循環
人失亦人得要不出區寰君看劉李末不能保河關
况此百株石鴻毛於太山但當對石飲萬事付等閑

壬寅二月有　詔令郡史分往屬縣減決
囚禁自十三日受命出府至寶雞虢郿盩
屋四縣既畢事因也朝謁太平宮而宿於
南溪溪堂遂並南山而西至樓觀大秦寺
延生觀仙遊潭十九日廼歸作詩五百言
以記凡所經歷者寄子由

遠人罹水旱　王命釋俘囚分縣傳明詔循山得勝

遊蕭條初出郭曠蕩實消憂薄暮來孤鎮登臨憶武侯崢嶸依絕壁蒼莽瞰奔流半夜人呼急橫空火氣浮天遥殊不辨風急已難收曉入陳倉縣猶餘賣酒樓煙煤已狼籍吏卒尚呀咻（十三日宿武城鎮即俗所謂石鼻寨也云孔明所築是夜二鼓寶雞火作相去三十里而見於武城）雞嶺雲霞古龍宮殿宇幽（縣有雞爪峯龍宮寺）南山連大散歸路走吾州欲往安能遂將還為少留回趨西虢道却渡小河洲聞道磻溪石猶存渭水頭蒼崖雖有迹大鈞本無鉤（十四日自寶雞行至虢聞太公磻溪石在縣東南十八里猶有投竿跪餌兩膝所著之處）東去過郿塢孤城象漢劉誰言董公健竟復伍孚讎白刃俄生肘黃金漫似

丘十五日至郿縣縣有董卓城其城象長安俗謂之小長安平生聞太白一見駐
行騶鼓角誰能試風雷果致不巖崖已奇絕冰雪更
凋鎪春旱憂無麥山靈喜有湫蛟龍懶方睡缾罐小
容偷是日晚自郿起至青秋鎮宿道過太白山相傳云軍行鳴鼓角過山下輒致雷雨山上有湫甚
靈以今歲旱方議取之二曲林泉勝三川氣象侔近山麰麥早
臨水竹篁脩十六日至盩厔以近由地美氣候殊早縣有官竹園十數里不絕先帝
膺符命行宮畫冕旒侍臣簪武弁女樂抱箜篌祕殿
開金鑠神人控玉虬黑衣橫巨劒被髮凜雙眸十七日寒
食自盩厔東南行二十餘里朝謁太平宮二聖御容此宮乃太宗皇帝時有神降於道士張守真以
告受命之符所為立也神封翊聖將軍有殿邂逅逢佳士相將弄綵舟投

篙披綠荇濯足亂清溝晩宿南谿上森如水國秋遶
湖栽翠峦終夜響飀飀是日與監宮張杲之汎舟南溪遂宿於溪堂冒曉
窮幽邃操戈畏炳彪十八日循終南而西縣尉以甲卒見送或云近宮竹園往往有
虎尹生猶有宅老氏舊停輈問道遺蹤在登仙往事
悠馭風歸汗漫閱世似蜉蝣羽客知人意瑤琴繫馬
鞦不辭山寺遠來作鹿鳴呦帝子傳聞李巘堂髣像
緱輕風幃幔卷落日髻鬟愁入谷音浴驚蒙峦登坡費
挽樓亂峰巉似槊一水淡如油中使何年到金龍自
古投千重橫翠石百丈見游儵最愛泉鳴洞初嘗雪
入喉滿缾雖可致洗耳歎無由是日遊崇聖觀俗所謂樓觀也乃尹喜舊

宅山脚有授經臺尚在遂與張杲之同至大秦寺早食而別有太平宮道士趙宗有抱琴見送至寺作鹿鳴之引乃去又西至延生觀觀後上小山有唐玉真公主修道之遺迹下山而西行十數里南入黒水谷谷中有潭名仙遊潭上有寺三倚峻峯面清溪樹林深翠怪石不可勝數潭水以繩縋石數百尺不得其底以瓦礫投之翔揚徐下食頃乃不見其清澈如此遂宿於中興寺寺中有玉女洞洞中有飛泉甚甘明日以泉二缾歸至郿又明日乃至府

忽憶尋蟆培方冬脫鹿裘山川良甚似水石亦堪儔惟有泉旁飲無人自獻酬昔與子由遊蟆培時方冬洞中温温如二三月

太白山下早行至横渠鎮書崇壽院壁

馬上續殘夢不知朝日昇亂山横翠幛落月淡孤燈奔走煩郵吏安閑媿老僧再遊應眷眷聊亦記吾曾

留題延生觀後山上小堂

溪山愈好意無厭上到巉巉第幾尖深谷野禽毛羽怪上方仙子鬢眉纖不慙弄玉騎丹鳳應逐常娥駕老蟾㵎草巖花自無主晚來蝴蝶入疎簾

留題仙遊潭中興寺寺東有玉女洞洞南有馬融讀書石室過潭而南山石益奇潭上有橋畏其險不敢渡

清潭百丈皎無淣山木陰陰谷鳥啼蜀客曾遊明月峽秦人今在武陵溪獨攀書室窺巖竇還訪仙姝欵石閨猶有愛山心未至不將雙脚踏飛梯

石鼻城

平時戰國今無在陌上征夫自不閑北客初來試新險蜀人從此送殘山獨穿暗月朦朧裏愁渡奔河蒼茫間漸入西南風景變道邊脩竹水潺潺

磻溪石

墨突不暇黔孔席未嘗暖安知渭上叟跪石留雙骭一朝嬰世故辛苦平多難亦欲就安眠旅人譏客嬾

郿塢

衣中甲厚行何懼塢裏金多退足憑畢竟英雄誰得似臍脂自照不須燈

樓觀秦始皇始立老子廟於觀南晉惠始修此觀

門前古碣卧斜陽閲世如流事可傷長有遊人悲晉惠强修遺廟學秦皇丹砂久窖井水赤白樹誰燒廚竈香聞道神仙亦相過只疑田叟是庚桑

九月二十日微雪懷子由弟二首

岐陽九月天微雪已作蕭條歲暮心短日送寒砧杵急冷官無事屋廬深愁腸别後能消酒白髮秋來已上簪近買貂裘堪出塞忽思乘傳問西琛

江上同舟詩滿篋鄭西分馬涕垂膺未成報國慙書劍豈不懷歸畏友朋官舍度秋驚歲晚寺樓見雪與

誰登遥知讀易東窓下車馬敲門定不譍

病中聞子由得告不赴商州三首

病中聞汝免來商旅鴈何時更著行遠别不知官爵好思歸苦覺歲年長著書多暇真良計從宦無功漫去鄉惟有王城最堪隱萬人如海一身藏

近從章子聞渠說苦道商人望汝來說客有靈慙直道逋翁久没厭凡才夷音僅可通名姓瘿俗無由辨頸顋答策不堪宜落此上書求免亦何哉章子惇也

辭官不出意誰知敢向清時怨位卑萬事悠悠付杯酒流年冉冉入雙髭策曾忤世人嫌汝易可忘憂家

有師此外知心更誰是夢魂相覓苦參差

病中大雪數日未嘗起觀篪令趙薦以詩

相屬戲用其韻荅之

經旬卧齋閤終日親劑和去不知雪已深但覺寒無

柰飄蕭窓紙鳴堆壓簷板墮閣中皆以板為簷風飈助凝洌

幃幔困揪𢿱惟思近醇醲未敢窺璨瑳何時反炎菸

却欲躬臼魔誰云座無饘尚有裘充貨西隣歌吹發

促席寒威挫崩騰踏成逕繚繞飛入坐人歡乜先融

飲儁餠屢卧嗟余獨愁窈空室自困坷欲為後日賞

恐被遊塵涴寒更報新霽皎月懸半破有客獨苦吟

清夜默自課詩人例窮蹇秀句出寒餓何當暴雪霜
庶以躡郊賀

歲晚相與餽問為餽歲酒食相邀呼為別
歲至除夜達旦不眠為守歲蜀之風俗如
是余官於岐下歲暮思歸而不可得故為
此三詩寄子由弟

餽歲

農功各已收歲事得相佐為歡恐無見假物不論貨
山川隨出產貧富稱小大寘盤巨鯉横發籠雙兔去
卧富人事華靡綵繡光翻座貧者愧不能微摯出舂

磨官居故人少里巷佳節過亦欲舉鄉風獨倡無人和

別歲

故人適千里臨別尚遲遲人行猶可復歲行那可追問歲安所之遠在天一涯已逐東流水赴海歸無時東隣酒初熟西舍彘亦肥且為一日歡慰此窮年悲勿嗟舊歲別行與新歲辭去去勿回顧還君老與衰

守歲

欲知垂盡歲有似赴壑蛇脩鱗半已沒去意誰能遮況欲繫其尾雖勤知柰何兒童强不睡相守夜讙譁

晨雞且勿唱更鼓畏添撾坐久燈燼落起看北斗斜
明年豈無年心事恐蹉跎努力盡今夕少年猶可誇

和子由踏青

春風陌上驚微塵遊人初樂歲華新人閑正好路旁
飲麥短未怕遊車輪城中居人厭城郭喧闐曉出空
四鄰歌鼓驚山草木動簞瓢散野烏鳶馴何人聚衆
稱道人遮道賣符色怒瞋宜蠶使汝繭如甕宜畜使
汝羊如麕路人未必信此語强為買服禳新春道人
得錢徑沽酒醉倒自謂吾符神

和子由蠶市

蜀人衣食常苦艱蜀人遊樂不知還千人耕種萬人
食一年辛苦一春閑閑時尚以蠶為市共忘辛苦逐
欣歡去年霜降斫秋荻今年箱積如連山破瓢為輪
土為釜爭買不翅金與紈憶昔與子皆童丱年年廢
書走市觀市人爭誇鬭巧智野人喑啞遭欺謾詩來
使我感舊事不悲去國悲流年

和子由苦寒見寄

人生不滿百一別費三年三年吾有幾弃擲理無還
長恐別離中摧我鬢與顔念昔喜著書別來不成篇
細思平時樂乃為憂所緣吾從天下士莫如與子歡

羨子久不出讀書蝨生氈丈夫重出處不退要當前
西羌解仇隙猛士憂塞壖廟謀雖不戰虜意久欺天
山西良家子錦緣貂裘鮮千金買戰馬百寶粧刀環
何時逐汝去與虜試周旋

和子由論書

吾雖不善書曉書莫如我苟能通其意常謂不學可
貌妍容有顰璧美何妨橢端莊雜流麗剛健含婀娜
好之每自譏不謂子亦頗書成輙弃去繆被旁人裹
皆云本闊落結束入細麽子詩亦見推語重未敢荷
邇來又學射力薄愁官笴官箭十二把吾能十一把箭耳多好竟無

成不精安用夥何當盡屏去萬事付懶惰吾聞古書
法守駿莫如跛世俗筆苦驕衆中强嵬駴鍾張忽已
遠此語與時左

記所見開元寺吴道子畫佛滅度以荅子

由

西方真人誰所見衣被七寶從雙狻當時脩道頗辛
苦柏生兩肘烏巢肩初如濛濛隱山玉漸如濯濯出
水蓮道成一旦就空滅奔會四海悲人天翔禽哀響
動林谷獸鬼躑躅淚迸泉龎眉深目彼誰子遶牀彈
指性自圓隱如寒月墮清晝空有孤光留故躔春遊

古寺拂塵壁遺像久此霾香煙畫師不復寫名姓皆云道子口所傳從横固已蔑孫鄧有如巨鰐吞小鮮來詩所誇孰與此安得攜掛其旁觀

和子由寒食

寒食今年二月晦樹林深翠已生煙遶城駿馬誰能借到處名園意盡便但挂酒壺那計盞偶題詩句不須編忽聞啼鴂驚羇旅江上何人治廢田

和劉長安題薛周逸老亭周最善飲酒未七十而致仕

近聞薛公子早退驚常流買園招野鶴鑿井動潛虬

自言酒中趣一斗勝涼州飜然拂衣去親愛挽不留
隱居亦何樂素志庶可求所亡嗟無幾所得不啻酬
青春為君好白日為君悠山鳥奏琴筑野花弄閑幽
雖辭功與名其樂實素侔至今清夜夢尚驚冠壓頭
誰能載美酒徃以大白浮之子雖不識因公可與遊

中隱堂詩 并敘

岐山宰王君紳其祖故蜀人也避亂來長安而遂家
焉其居第園圃有名長安城中號中隱堂者是也予
之長安王君以書戒其子弟邀予遊且乞詩甚勤因
為作此五篇

去蜀初逊難遊秦遂不歸園荒喬木老堂在昔人非
鑿石清泉激開門野鶴飛退居吾久念長恐此心違
徑轉如脩蟒坡垂似伏鼇樹從何代有人與此堂高
好古嗟生晚偷閑厭久勞王孫早歸隱塵土污君袍
二月鶯梅晚幽香此地無依依慰遠客皎皎似吳姝
不恨故園隔空嗟芳歲徂春深桃杏亂笑汝益羈孤
翠石如鸚鵡何年别海壖貢隨南使遠載壓渭舟偏
已伴喬松老那知故國遷金人解辭漢汝獨不潸然
都城更幾姓到處有殘碑古隧埋蝌蚪崩崖露伏龜
安排壯亭榭收拾費金貲岣嶁何湏到韓公浪自悲

鳳翔八觀 并敘

鳳翔八觀詩記可觀者八也昔司馬子長登會稽探
禹穴不遠千里而李太白亦以七澤之觀至荊州二
子蓋悲世悼俗自傷不見古人而欲一觀其遺迹故
其勤如此鳳翔當秦蜀之交士大夫之所朝夕往來
此八觀者又皆跬步可至而好事者有不能徧觀焉
故作詩以告欲觀而不知者

石鼓

冬十二月歲辛丑我初從政見魯叟舊聞石鼓今見
之文字鬱律蛟蛇走細觀初以指畫肚欲讀嗟如箝

在口韓公好古生已遲我今況又百年後强尋偏旁推點畫時得一二遺八九我車既攻馬亦同其魚維鱮貫之柳（其詞云我車既攻我馬既同又云其魚維鱮何維鱮維鯉何以貫之惟楊與柳惟此六句可讀餘多不可通）古器縱橫猶識鼎衆星錯落僅名斗模糊半已似瘢胝詰曲猶能辨跟肘娟娟缺月隱雲霧濯濯嘉禾秀莨莠漂流百戰偶然存獨立千載誰與友上追軒頡相唯諾下揖氷斯同鷇㲉憶昔周宣歌鴻鴈當時籀史變蝌蚪厭亂人方思聖賢中興天為生耆者東征徐虜闞虓虎北伏犬戎隨指嗾象胥雜沓貢狼鹿方郘聯翩賜圭卣遂因鼓鼙思將帥豈為考

聱煩矇瞍何人作頌比崧高萬古斯文齊岣嶁勲勞至大不矜伐文武未遠猶忠厚欲尋年歲無甲乙豈有名字記誰某自從周衰更七國竟使秦人有九有掃除詩書誦法律投弃俎豆陳鞭杻當年誰人佐祖龍上蔡公子牽黄狗登山刻石頌功烈後者無繼前無偶皆云皇帝巡四國烹滅强暴救黔首六經既已委灰塵此鼓亦當遭擊剖傳聞九鼎淪泗上欲使萬夫沉水取暴君縱欲窮人力神物義不汙秦垢是時石鼓何處避無乃天公令鬼守興亡百變物自閑富貴一朝名不朽細思物理坐歎息人生安得如汝壽

詛楚文 碑獲於開元寺土下今在太守便廳秦穆公葬於雍橐泉祈年觀下今墓在開元寺之東南數十步則寺豈祈年之故基耶淮南王遷於蜀至雍道病卒則雍非長安此乃古雍也

崢嶸開元寺，髣髴祈年觀。舊築掃成空，古碑埋不爛。
詛書雖可讀，字法嗟久換。詞云秦嗣王，敢使祝用瓚。
先君穆公世，與楚約相捍。質之於巫咸，萬葉期不叛。
今其後嗣王，乃敢構多難。刳胎殺無罪，親族遭圉絆。
計其所稱訴，何啻桀紂亂。吾聞古秦俗，面詐背不汗。
豈惟公子卬，社鬼亦遭謾。遼哉千歲後，發我一笑粲。

王維吳道子畫

何處訪吴畫普門與開元開元有東塔摩詰留手痕
吾觀畫品中莫如二子尊道子實雄放浩如海波飜
當其下手風雨快筆所未到氣已吞亭亭雙林間彩
暈扶桑暾中有至人談寂滅悟者悲涕迷者手自捫
蠻君鬼伯千萬萬相排競進頭如黿摩詰本詩老佩
芷襲芳蓀今觀此壁畫亦若其詩清且敦祇園弟子
盡鶴骨心如死灰不復溫門前兩叢竹雪節貫霜根
交柯亂葉動無數一一皆可尋其源吴生雖妙絶猶
以畫工論摩詰得之於象外有如仙翮謝籠樊吾觀
二子皆神俊又於維也斂衽無間言

維摩像唐楊惠之塑在天柱寺

昔者子輿病且死其友子祀往問之躃躚鑒井自嘆
息造物將安以我為今觀古塑維摩像病骨磊嵬如
枯龜乃知至人外生死此身變化浮雲隨世人豈不
碩且好身雖未病心已疲此叟神完中有恃談笑可
卻千熊羆當其在時或問法俛首無言心自知至今
遺像兀不語與昔未死無增虧田翁里婦那肯顧時
有野鼠銜其髭見之使人每自失誰能與結無言師

東湖

吾家蜀江上江水綠如藍爾來走塵土意思殊不堪

況當岐山下風物尤可慭有山禿如赭有水濁如泔
不謂郡城東數步見湖潭入門便清奧怳如夢西南
泉源從高來隨坡走涵涵東去觸重阜盡為湖所貪
但見蒼石螭開口吐清甘借汝腹中過胡為目耽耽
新荷弄晚涼輕棹極幽探飄飄忘遠近偃息遺佩篸
深有龜與魚淺有螺與蚶曝晴復戲雨戢戢多於蠶
浮沉無停餌倏忽遽滿籃絲緡雖強致瑣細安足戡
聞昔周道興翠鳳棲孤嵐飛鳴飲此水照影弄毿毿
此古飲鳳池也至今多梧桐合抱如彭聃綵羽無復見上有
鸇搏鶴嗟予生雖晚考古意所妣圖書已漫漶猶復

訪僑郟卷阿詩可繼此意久已含扶風古三輔政事
豈汝諳聊為湖上飲一縱醉後談門前遠行客劫劫
無留驂問胡不回首無乃趍朝參予今正踈懶官長
幸見函不辭日遊再行恐歲滿三暮歸還倒載鍾鼓
已鏳鏳音諳

真興寺閣

山川與城郭漠漠同一形市人與鵶鵲浩浩同一聲
此閣幾何高何人之所營側身送落日引手攀飛星
當年王中令斫木南山頳寫真留閣下鐵面眼有稜
身强八九尺與閣兩崢嶸古人雖暴恣作事今世驚

登者尚呀喘作者何以勝昌不觀此閣其人勇且英

李氏園李茂正園也今為王氏所有

朝遊北城東回首見脩竹下有朱門家破墻圍古屋舉鞭叩其戸幽響荅空谷入門所見夥十步九移目異花蕙四方野鳥喧百族其西引溪水活活轉墻曲東注入深林林深窓戸緑水光兼竹淨時有獨立鵠林中百尺松歲久蒼鱗蹙豈惟此地少意恐關中獨小橋過南圍夾道多喬木隱如城百雉挺若舟千斛陰陰日光淡黮黮秋氣蓄盡東為方池野鴈雜家鶩紅梨鶩合抱映島孤雲馥春光水溶漾雪陣風翻撲

其北臨長溪波聲卷平陸北山卧可見蒼翠間磽禿

我時來周覽問此誰所築云昔李將軍負嶮乘衰対

抽錢筭閭口但未榷羹粥當時奪民田失業安敢哭

誰家美園圃籍沒不容贖此亭破千家鬱鬱城之麓

將軍竟何事蟣蝨生刀韣何嘗載美酒來此駐車轂

空使後世人聞名頸猶縮俗猶呼皇后園蓋茂正謂其妻也我今官

正閑屢至因休沐人生營居止竟爲何人卜何當辦

一身永與清景逐

秦穆公墓

槖泉在城東墓在城中無百步乃知昔未有此城秦

人以泉識公墓昔公生不誅孟明豈有死之日而恐用其良乃知三子徇公意亦如齊之二子從田橫古人感一飯尚能殺其身今人不復見此等乃以所見疑古人古人不可望今人益可傷

和子由聞子瞻將如終南太平宮谿堂讀書

後名則已勤徇身則已媮我誠愚且拙身名兩無謀始者學書判近亦知問囚但知今當為敢問嚮所由士方其未得唯以不得憂既得又憂失此心浩難收譬如倦行客中路逢清流塵埃雖未脫暫憩得一漱

我欲走南澗春禽始嚶呦鞅掌久不決爾來已徂秋
橋山日月迫府縣煩差抽王事誰敢愬民勞吏宜羞
中間罹旱暵欲學喚雨鳩千夫挽一木十步八九休
渭水涸無泥菑堰旋揷脩對之食不飽餘事更遑求
近日秋雨足公餘試新篘劬勞幸已過朽鈍不任鎪
秋風迫吹帽西阜可縱遊聊為一日樂慰此百日愁

將往終南和子由見寄

人生百年寄鬢鬚富貴何啻葭中莩惟將翰墨留染
濡絶勝醉倒蛾眉扶我今廢學如寒竽久不吹之澀
欲無歲云暮矣嗟幾餘欲往南溪侣禽魚秋風吹雨

涼生膚夜長耿耿添漏壺窮年弄筆衫袖烏古人有
之我願如終朝危坐學僧趺閉門不出閑履鳧下視
官爵如泥淤嗟我何為久踟躕歲月豈肯為汝居僕
夫起餐秣吾駒

七月二十四日以久不雨出禱磻溪是日
宿虢縣二十五日晚自虢縣渡渭宿於僧
舍曾閣閣故曾氏所建也夜久不寐見壁
有前縣令趙薦留名有懷其人

龜燈明滅欲三更欹枕無人夢自驚深谷留風終夜
響亂山銜月半床明故人漸遠無消息古寺空來看

姓名欲向磻谿問姜叟僕夫屢報斗杓傾

二十六日五更起行至磻溪未明

夜入磻溪如入峽照山炬火落驚猿山頭孤月耿猶

在石上寒波曉更喧至人舊隱白雲合神物已化遺

蹤蜿安得夢隨霹靂駕馬上傾倒天瓢飜

是日自磻溪將徃陽平憇於麻田青峰寺

之下院翠麓亭

不到峯前寺空來渭上村此亭聊可喜修徑豈辭捫

谷映朱欄秀山含古木尊路窮驚石斷林缺見河奔

馬困嘶青草僧留薦晩飧我來秋日午旱久石床温

安得雲如蓋能令雨瀉盆共看山下稻涼葉晚飜飜

二十七日自陽平至斜谷宿於南山中磻

龍寺

横槎晚渡碧澗口騎馬夜入南山谷音浴谷中暗水響瀧瀧嶺上踈星明煜煜寺藏巖底千萬仞路轉山腰三百曲風生飢虎嘯空林月黑驚麏竄脩竹入門突兀見深殿照佛青熒有殘燭媿無酒食待遊人旋斫杉松煮溪蔌板閣獨眠驚旅枕木魚曉動隨僧粥起觀萬瓦鬱參差目亂千巖散紅綠門前商賈負樹蓏山後咫尺連巴蜀何時歸耕江上田一夜心逐南飛

鵠

是日至下馬磧憩於北山僧舍有閣曰懷賢南直斜谷西臨五丈原諸葛孔明所從出師也

南望斜谷口三山如犬牙西觀五丈原鬱屈如長虵有懷諸葛公萬騎出漢巴吏士寄如水蕭蕭聞馬檛公才與曹丕豈止十倍加顧瞻三輔間勢若風捲沙一朝長星墜竟使蜀婦髽山僧豈知此一室老煙霞往事逐雲散故山依渭斜客來空弔古清淚落悲笳

東坡集卷第一

東坡集卷第二

詩八十二首

和子由記園中草木十一首

煌煌帝王都赫赫走群彦嗟汝獨何為閉門觀物變
微物豈足觀汝獨觀不勸牽牛與葵蓼採摘入詩卷
吾聞東山傅置酒攜嬿婉富貴未能忘聲色聊自遣
汝今又不然時節看瓜蔓懷寶自足珍蓺蘭那計畹
吾歸於汝處慎勿嗟歲晚
荒園無數畝草木動成林春陽一已敷妍醜各自矜
蒲萄雖滿架困倒不能任可憐病石榴花如破紅襟

葵花雖粲粲蔕淺不勝簪叢蓼晚可喜輕紅隨秋深
物生感時節此理等廢興飄零不自由盛亦非汝能
種柏待其成柏成人亦老不如種叢篁春種秋可倒
陰陽不擇物美惡隨意造柏生何苦艱似亦費天巧
天工巧有幾肯盡為汝耗君看藜與藿生意常草草
萱草雖微花孤秀能自拔亭亭亂葉中一一芳心插
牽牛獨何畏詰曲自牙蘖走尋荆與榛如有宿昔約
南齋讀書處亂翠曉如潑偏工貯秋雨歲歲壞籬落
蘆筍初似竹稍開葉如蒲方春節抱甲漸老根生鬚
不愛當夏綠愛此及秋枯黃葉倒風雨白花搖江湖

江湖不可到移植苦勤劬安得雙野鴨飛來成畫圖
行樂惜芳晨秋風常苦早誰知念離别喜見秋瓜老
秋瓜感霜霰莖葉颯已槁宦遊歸無時身若馬繫皁
悲鳴念千里耿耿志空抱多憂竟何為使汝玄髮縞
官舍有叢竹結根問因廳下為人所徑土密不容釘
慇懃戒吏卒插棘護中庭遶砌忽墳裂走鞭瘦竛竮
我常攜枕簟來此蔭寒青日暮不能去卧聽窗風泠
芎藭生蜀道白芷來江南漂流到關輔猶不失芳甘
濯濯翠莖滿愔愔清露涵及其未花實可以資筐籃
秋節忽已老苦寒非所堪斸根取其實對此微物慙

自我來關輔南山得再遊山中亦何有草木媚深幽菖蒲人不識生此亂石溝山高霜雪苦苗葉不得抽下有千歲根蹙縮如蟠虬長為鬼神守德薄安敢偷

我歸自南山山翠猶在目心隨白雲去夢繞山之麓汝從何方來笑齒粲如玉探懷出新詩秀語奪山綠覺來已茫昧但記說秋菊有如採樵子入洞聽琴筑歸來寫遺聲猶勝人間曲（八月十二日夜宿府學方和此詩夢與弟遊南山出詩數十篇夢中甚愛之及覺唯記一句云蟋蟀悲秋菊）

野菊生秋澗芳心空自知無人驚歲晚唯有暗蛩悲花開澗水上花落澗水湄菊衰蛩亦蟄與汝歲相期

楚客方多感秋風詠江蘺落英不滿掬何以慰朝飢

周公廟廟在岐山西北七八里廟後百許

步有泉依山湧冽異常國史所謂潤德泉

世亂則竭者也

吾今那復夢周公尚喜秋來過故宫翠鳳舊依山硉

兀清泉長與世窮通至今遊客傷離黍故國諸生詠

雨濛牛酒不來烏鳥散白楊無數暮號風

南溪之南竹林中新構一茆堂予以其所

處最為深邃故名之避世堂

猶恨溪堂淺更穿脩竹林高人不畏虎避世已無心

隱几頹如病忘言兀似瘖茆茨追上古冠蓋謝當今
曉夢猨呼覺秋懷鳥伴吟暫來聊解帶屢去欲攜衾
湖上行人絕堦前暮雪深應逢綠毛叟扣戶夜抽簪

自清平鎮遊樓觀五郡大秦延生仙遊往
反四日得十一詩寄舍弟子由同作

樓觀

鳥噪猨呼晝閉門寂寥誰識古皇尊青牛久已辭轅
軛白鶴時來訪子孫山近朔風吹積雪天寒落日淡
孤村道人應怪遊人衆汲盡堦前井水渾

五郡

古觀正依林麓斷居民來就水泉甘亂谿赴渭爭趨北飛鳥迎山不復南羽客衣冠朝上象野人香火祝春蠶汝師豈解言符命山鬼何知託老聃觀有明皇碑言夢老子告以享國長久之意

授經臺乃南山一峯耳非復有築處

劍舞有神通草聖海山無事化琴工此臺一覽秦川小不待傳經意已空

大秦寺

晃蕩平川盡坡陁翠麓横忽逢孤塔迥獨向亂山明信足幽尋遠臨風却立驚原田浩如海衮衮盡東傾

仙遊潭五首 潭上有寺三二在潭北循黑
水而上為東路至南寺度黑水西
里餘從馬北上為西路至北寺東路嶮不
可騎馬而西路隔潭潭水深不可測上以
一木為橋不敢過故南寺有
塔望之可愛而終不能到

翠壁下無路何年雷雨穿光搖巖上寺深到影中天
我欲然犀看龍應抱寶眠誰能孤石上危坐試僧禪

潭

東去愁攀石西來怯渡橋碧潭如見試白塔苦相招
野餽慚微薄村沽慰寂寥路窮斤斧絕松桂得干霄

南寺

唐初傳有此亂後不留碑畏虎關門早無村得米遲

山泉自入甕野桂不勝炊信美那能久應先學忍飢

北寺

未應將軍聘初從季直遊絳紗生不識蒼石尚能留豈害依梁冀何須困李佚吾詩慎勿刻猿鶴為君羞

馬融石室

洞裏吹簫子終年守獨幽石泉為曉鏡山月當簾鈎歲晚杉楓盡人歸霧雨愁送迎應鄙陋誰繼楚臣謳

玉女洞

愛玉女洞中水既致兩缾恐後復取而為使者見紿因破竹為契使寺僧藏其一以

為往來之信戲謂之調水符

欺謾久成俗關市有契繻誰知南山下取水亦置符
古人辨淄澠皎若鶴與鳧吾今既謝此但視符有無
常恐汲水人智出符之餘多防竟無及弃置為長吁

自仙遊回至黑水見居民姚氏山亭高絶
可愛復憩其上

山鷄曉辭谷似報遊人起出門猶屢顧慘若去吾里
道途險且迂繼此復能幾溪邊有危構歸駕聊復柅
愛此山中人縹眇如仙子平生慕獨往官爵同一屣
胡為此谿邊眷眷若有俟國恩久未報念此懸且泚

臨風浩悲吒萬世同一軌何年謝簪綏丹砂留迅晷

南谿有會景亭處衆亭之間無所見甚不稱其名余欲遷之少西臨斷岸西嚮可以遠望而力未暇特為製名曰招隱仍為詩以告來者庶幾遷之

飛詹臨古道高榜勸遊人未即令公隱聊須濯路塵茆茨分聚落煙火傍城闉林缺湖光漏囱明野意新居民誰白帽過客謾朱輪山好留歸屐風迴落醉巾他年誰改築舊製不須因再到吾雖老猶堪作坐賓

凌虛臺

才高多感激道直無往還不如此臺上舉酒邀青山
青山雖云遠似亦識公顔崩騰赴幽賞披豁露天慳
落日銜翠壁暮雲點煙鬟浩歌清興發放意末禮删
是時歲云暮微雪灑袍斑吏退迹如掃賓來勇躋攀
臺前飛鴈過臺上彫弓彎聯翩向空墜一笑驚塵闤

竹䶉

野人獻竹䶉腰腹大如盎自言道旁得採不費罝罔
鵖夷讓圓滑混沌慚瘦爽兩牙雖有餘四足僅能髣
逢人自驚蹶悶若兒脱襁念兹微陋質刀几安足枉
就禽太倉卒羞愧不能饗南山有孫熊擇獸行䑛掌

渼陂魚 陂在鄠縣

霜筠細破為雙掩中有長魚如卧劒紫荇穿顋氣慘悽紅鱗照坐光磨閃攜來雖遠鬣尚動烹不待熟指先染坐客相看為解顏香粳飽送如填壍早歲嘗為荊渚客黃魚屢食沙頭店濱江易採不復珍盈尺輒弃無乃僭自從西征復何有欲致南烹嗟久欠游鯈瑣細空自腥亂骨縱横動遭砭故人遠餽何以報客俎久空驚忽賭東道無辭信使頻西鄰幸有庖虀釅

讀道藏

嗟予亦何幸偶此琳宫居宫中復何有戢戢千函書

盛以丹錦囊冒以青霞裾王喬掌闗籥蚩尤守其廬乘閑竊掀攪涉獵豈暇徐至人悟一言道集由中虛心閑反自照皎皎如芙蕖千載厭世去此言乃蘧蒢人皆忽其身治之用土苴何暇及天下幽憂吾未除

十二月十四日夜微雪明日早往南谿小酌至晚

南谿得雪真無價走馬來看及未消獨自披榛尋履迹最先犯曉過朱橋誰憐破屋眠無處坐覺村飢語不囂惟有暮鵶知客意驚飛千片落寒條

九月中曾題二小詩於南溪竹上既而忘

之昨日再遊見而錄之

湖上蕭蕭踈雨過山頭靄靄暮雲横陂塘水落荷將盡城市人歸虎欲行

誰謂江湖居而為虎豹宅焚山豈不能愛此千竿碧

司竹監燒葦園因名都廵撿柴貽勗左藏以其徒會獵園下

官園刈葦歲留槎深冬放火如紅霞枯槎燒盡有根在春雨一洗皆萌芽黄狐老兎最狡捷賣侮百獸常矜誇年年此厄竟不悟但愛蒙密争來家風廻焰卷毛尾熱欲出已被蒼鷹遮野人來言此最樂徒手時

出歸滿車巡邊將軍在近邑呼來颯颯從矛叉戍兵久閑可小試戰鼓雖凍猶堪撾雄心欲搏南澗虎陣勢頗學常山蛇霜乾火烈聲爆野飛走無路號且呀迎人截來砉逢箭避火逸去窮投罝擊鮮走馬殊未厭但恐落日催棲鴉弊旗仆鼓坐數獲鞍挂雉兔肩分麑主人置酒聚狂客紛紛醉語晚更譁燎毛燔肉不暇割飲啗直欲追羲媧青丘雲夢古所吒與此何啻百倍加苦遭諫疏說夷羿又被賦客嘲淫奢豈如閑官走山邑放曠不與趨朝衙農工已畢歲云暮車騎雖少賓殊佳酒酣上馬去不告獵獵霜風吹帽斜

和子由木山引水二首

蜀江久不見滄浪江上枯槎遠可將去國尚能三犢
載汲泉何愛一夫忙崎嶇好事人應笑冷淡爲歡意
自長遙想納涼清夜永窗前微月照汪汪

千年古木臥無梢浪卷沙翻去似瓢幾度過秋生蘚
暈至今流潤應江潮泫然疑有蛟龍吐斷處人言霹
靂焦材大古來無適用不須鬱鬱慕山苗

寄題興州晁太守新開古東池

百畝新池傍郭斜居人行樂路人誇自言官長如靈
運能使江山似永嘉縱飲坐中遺白帢幽尋盡處見

桃花不堪山鳥啼歸去長遣王孫苦憶家

華陰寄子由

三年無日不思歸夢裏還家旋覺非臘酒送寒催去國東風吹雪滿征衣三峯已過天浮翠四扇行看日照扉里堠消磨不禁盡速攜家餉勞驂騑

和董傳留别

麤繒大布裹生涯腹有詩書氣自華厭伴老儒烹瓠葉强隨舉子踏槐花囊空不辦尋春馬眼亂行看擇壻車得意猶堪誇世俗詔黄新濕字如鴉

次韻柳子玉見寄

薄雷輕雨曉晴初陌上春泥未濺裾行樂及時雖有酒出門無侶漫看書遥知寒食催歸騎定把鴟夷載後車他日見邀須强起不應辭病似相如

送曾子固倅越得燕字

醉翁門下士雜遝難為賢曾子獨超軼孤芳陋群妍昔從南方來與翁兩聯翩翁今自憔悴子去亦宜然賈誼窮適楚樂生老思燕那因江鱠美遽厭天庖羶但苦世論隘聒耳如蜩蟬安得萬頃池養此横海鱣

王頤赴建州錢監求詩及草書

我昔識子自武功寒廳夜語樽酒同酒闌燭盡語不

盡倦僕立寐僵屏風丁寧勸學不死訣自言親受方瞳翁嗟余聞道不早悟醉夢顛倒隨盲聾爾來憂患苦摧剝意思蕭索如霜蓬羨君顔色愈少壯外慕漸少由中充河車挽水灌腦黑丹砂伏火入頰紅大梁相逢又東去但道何日辭樊籠未能便乞岣嶁令官曹似是錫與銅留詩河上慰離别草書未暇縁忽忽

秀州僧本瑩靜照堂

鳥因不忘飛馬繫常念馳靜中不自勝不若聽所之君看厭事人無事乃更悲貧賤苦形勞富貴嗟神疲作堂名靜照此語子謂誰江湖隱淪士豈無適時資

老死不自惜扁舟自娛嬉從之恐莫見况肯從我爲

石蒼舒醉墨堂

人生識字憂患始姓名粗記可以休何用草書誇神速開卷慌悦令人愁我嘗好之每自笑君有此病何年瘳自言其中有至樂適意無異逍遥遊近者作堂名醉墨如飲美酒銷百憂乃知柳子語不妄病嗜土炭如珍羞君於此藝亦云至堆墻敗筆如山丘興來一揮百紙盡駿馬倏忽踏九州我書意造本無法點畫信手煩推求胡爲議論獨見假隻字片紙皆藏收不減鍾張君自足下方羅趙我亦優不須臨池更苦

學完取絹素充衾裯

送安惇秀才失解西歸

舊書不厭百迴讀熟讀深思子自知他年名宦恐不免今日棲遲那可追我昔家居斷還往著書不復窺園葵朅來東遊慕人爵弃去舊學從兒嬉狂謀謬筭百不遂惟有霜鬢來如期故山松柏皆手種行且拱矣歸何時萬事早知皆有命十年浪走寧非癡與君未可較得失臨別惟有長嗟咨

送任伋通判黄州兼寄其兄孜

吾州之豪任公子少年盛壯日千里無媒自進誰識

之有材不用今老矣別來十年學不厭讀破萬卷詩
愈美黃州小郡隔谿谷茆屋數家依竹葦知命無憂
子何病見賢不薦誰當恥平泉老令更何悲六十青
衫貧欲死桐鄉遺老至今泣潁川大姓誰能簭因君
寄聲問消息莫對黃鷂矜爪觜

和子由初到陳州見寄二首 次韻

道喪雖云久吾猶及老成如今各衰晚那更治刑名
懶惰便樗散疎狂託聖明阿奴須碌碌門户要全生
舊隱三年別杉松好在不吾今尚眷眷此意恐悠悠
閉戶時尋夢無人可說愁還來送別處雙淚寄南州

次韻子由綠筠堂

愛竹能延客，求詩剩挂牆。風梢千纛亂，月影萬夫長。谷鳥驚棋響，山蜂識酒香。只應陶靖節，會聽北窗涼。

送劉攽倅海陵

君不見阮嗣宗，臧否不挂口，莫誇舌在齒牙牢，是中惟可飲醇酒。讀書不用多，作詩不須工，海邊無事日日醉，夢魂不到蓬萊宮。秋風昨夜入庭樹，蓴絲未老君先去。君先去，幾時回？劉郎應白髮，桃花開不開。

送錢藻出守婺州得英字

老手便劇郡，高懷厭承明。聊紓東陽綬，一濯滄浪纓。

東陽佳山水未到意已清過家父老喜出郭壺漿迎
子行得所願愴恨居者情吾君方急賢日旰坐邇英
黄金招樂毅白璧賜虞卿子不少自貶陳義空崢嶸
古稱為郡樂漸恐煩敲搒臨分敢不盡醉語醒還驚

送吕斋道知和州

去年送君守解梁今年送君守歷陽年年送人作太
守坐受塵土堆胸腸君家聯翩三將相富貴未已今
方將鳳雛驥子生有種毛骨往往傳諸郎觀君崛嶜
負奇表便合劒佩趨明光胡為小郡屢奔走征馬未
解風帆張我生本自便江海恐恥未去猶徬徨無言

贈君有長歎美哉河水空洋洋

次韻王誨夜坐

愛君東閣能延客顧我閑官不計員策杖頻過如未厭卜居相近豈辭遷莫將詩句驚揺落漸喜罇罍省撲緣待約月明池上宿夜深同看水中天

送文與可出守陵州

壁上墨君不解語見之尚可消百憂而况我友似君者素節凛凛欺霜秋清詩健筆何足數逍遥齊物追莊周奪官遣去不自覺曉梳脱髮誰能收江邊亂山赤如赭陵陽正在千山頭君知遠别懐抱惡時遣墨

君解我愁

送劉道原歸覲南康

晏嬰不滿六尺長，高節萬仞陵首陽。青衫白髮不自歎，富貴在天那得忙。十年閉戶樂幽獨，百金購書收散亡。朅來東觀弄丹墨，聊借舊史誅姦强。孔融不肯下曹操，汲黯本自輕張湯。雖無尺箠與寸刃，口吻排擊含風霜。自言靜中閱世俗，有似不飲觀酒狂。衣巾狼籍又屢舞，旁人大笑供千場。交朋翩翩去略盡，惟我與子猶徬徨。世人共弃君獨厚，豈敢自愛恐子傷。朝來告别驚何速，歸意已逐征鴻翔。匡廬先生古君

子挂冠兩紀鬢未蒼定將文度置膝上喜動隣里烹
豬羊君歸為我道姓名幅巾他日容登堂

出都來陳所乘船上有題小詩八首不知
何人有感於余心者聊為和之

蛙鳴青草泊蟬噪垂楊浦吾行亦偶然及此新過雨
鳥樂忘罝罦魚樂忘鈎餌何必擇所安滔滔天下是
煙火動村落晨光尚熹微田園處處好淵明胡不歸
我行無疾徐輕檝信溶漾船留村市閙閙發寒波漲
舟人苦炎熱宿此喬木灣清月未及上黑雲如頹山
萬竅號地籟衝風散天池喧豗瞬息間還挂斗與箕

頹水非漢水亦作蒲萄綠恨無襄陽兒令唱銅鞮曲
我詩雖云拙心平聲韻和年來煩惱盡古井無由波

次韻張安道讀杜詩

大雅初微缺流風困暴豪張為詞客賦變作楚臣騷
展轉更崩壞紛綸閱俊髦地偏蕃怪產源失亂狂濤
粉黛迷真色魚鰕易豢牢誰知杜陵傑名與謫仙高
掃地收千軌爭標看兩艘詩人例窮苦天意遣奔逃
塵闇人亡鹿溟飜帝斬鼇艱危思李牧述作謝王褒
失意各千里哀鳴聞九皋騎鯨遁滄海捋虎得綈袍
巨筆屠龍手微官似馬曹迂踈無事業醉飽死游遨

簡牘儀刑在兒童篆刻勞今誰主文字公合把旌旄
開卷遥相憶知音兩不遭般斤思郢質鯤化陋鰷濠
恨我無佳句時常致白醪慇懃理黄菊未遣没蓬蒿

送張安道赴南都留臺

我公古仙伯超然羨門姿偶懷濟物志遂為世所縻
黄龍遊帝郊簫韶鳳來儀終然反溟極豈復安籠池
出入四十年憂患未嘗辭一言有歸意闔府諫莫移
吾君信英睿搜士及茆茨無人長者側何以安子思
歸來掃一室虚白以自怡遊於物之初世俗安得知
我亦世味薄因循鬢生絲出處良細事從公當有時

傳堯俞濟源草堂

徽官共有田園興老罷方尋隱退廬栽種成陰十年事倉皇求買萬金無先生卜築臨清濟喬木如今似畫圖鄰里亦知偏愛竹春來相與護龍雛

陸龍圖詵挽詞

挺然直節庇峩岷謀道從來不計身屬纊家無十金產過車巷哭六州民塵埃輦寺三年別罇俎岐陽一夢新他日思賢見遺像不論宿草更沾巾成都有思賢閣畫諸公像

胡完夫母周夫人挽詞

柏舟高節冠鄉隣絳帳清風聳搢紳豈似凡人但慈母能令孝子作忠臣當年織屨隨方進晚節稱觴見伯仁回首悲涼便陳迹凱風吹盡棘成薪

和柳子玉過陳絶糧 次韻二首

風雨蕭蕭夜晦迷不須鳴吒强知時多才久被天公怪闕食惟應爨婦知杜叟挽衣那及脛顏翁食粥敢言炊詩人情味真甞遍試問於君底事虧

如我自觀猶可厭非君誰復肯相尋圖書跌宕悲年老燈火青熒語夜深早歲便懷齊物意微官敢有濟時心南行十里成何事一聽秋濤萬鼓音

潁州初別子由二首

征帆挂西風別淚滴清潁留連知無益惜此須臾景
我生三度別此別尤酸冷念子似元君木訥剛且靜
寡詞真吉人介石乃機警至今天下士去莫如子猛
嗟我久病狂意行無坎穽有如醉且墜幸未傷輙醒
從今得閑暇默坐消日永作詩解子憂持用日三省
近別不改容遠別涕沾胸咫尺不相見實與千里同
人生無離別誰知恩愛重始我來宛丘牽衣舞兒童
便知有此恨留我過秋風秋風亦已過別恨終無窮
問我何年歸我言歲在東離合既循環憂喜迭相攻

悟此長太息我生如飛蓬多憂髮早白不見六一翁

歐陽少師令賦所蓄石屏

何人遺公石屏風上有水墨希微蹤不畫長林與巨植獨畫峩眉山西雪嶺上萬歲不長之孤松崖崩澗絕可望不可到孤煙落日相溟濛含風偃蹇得真態刻畫始信天有工我恐畢宏韋偃死葬虢山下骨可朽爛心難窮神機巧思無所發化為煙霏淪石中古來畫師非俗士摹寫物象略與詩人同願公作詩慰不遇無使二子含憤泣幽宫

陪歐陽公燕西湖

謂公方壯鬢似雪謂公已老光浮頰揭來湖上飲美
酒醉後劇談猶激烈湖邊草木新著霜芙蓉晚菊爭
煌煌插花起舞為公壽公言百歲如風狂赤松共遊
也不惡誰能忍饑啖仙藥已將夭壽付天公彼徒辛
苦吾差樂城上烏棲暮靄生銀缸畫燭照湖明不辭
歌詩勸公飲坐無桓伊能撫箏

十月二日將至渦口五里所遇風留宿

長淮久無風放意弄清快今朝雪浪滿始覺平野隘
兩山控吾前吞吐久不嘬孤舟繫桑本終夜舞澎湃
舟人更傳呼弱纜恃菅蒯平生傲憂患久已恬百怪

鬼神欺吾窮戲我聊一噫缾中尚有酒信命誰能戒

出潁口初見淮山是日至壽州

我行日夜向江海楓葉蘆花秋興長平淮忽迷天遠近青山久與船低昂壽州已見白石塔短棹未轉黄茅岡波平風軟望不到故人久立煙蒼茫

壽州李定少卿出餞城東龍潭上

山鵶噪處古靈湫亂沫浮涎遶客舟未暇然犀照奇鬼欲將燒燕出潛虯使君惜别催歌管村巷驚呼聚玃猴此地他年頌遺愛觀魚幷記老莊周

濠州七絶

塗山下有鯀廟山前有禹會村

川鎖支祁水尚渾地埋汪罔骨應存樵蘇已入黃能廟烏鵲猶朝禹會村

彭祖廟有雲母山云彭祖所採服也

跨歷商周看盛衰欲將齒髮鬬蚍龜空餐雲母連山盡不見蟠桃著子時

逍遥臺莊子祠堂在開元寺即墓為堂

常怪劉伶死更埋豈伊忘死未忘骸烏鳶奪得與螻蟻誰信先生無此懷

觀魚臺

欲將同異較錙銖肝膽猶能楚越如若信萬殊歸一理子今知我我知魚

虞姬墓

帳下佳人拭淚痕門前壯士氣如雲蒼皇不負君王意只有虞姬與鄭君

四望亭大和中刺史劉嗣之立李紳以太子賓客分司東都過濠爲作記今存而亭廢者數年矣

頹垣破礎沒柴荆故老猶言短李亭敢請使君重起廢落霞孤鶩換新銘

浮山洞洞在淮中夏潦不能及而冬不加高故人疑其浮也

人言洞府是鼇宫升降隨波與海通共坐船中那得
見乾坤浮水水浮空

東坡集卷第二

四十六

東坡集卷第二

重刊明成化本東坡七集

東坡集卷第三

詩七十六首

泗州僧伽塔

我昔南行舟繫汴逆風三日沙吹面舟人共勸禱靈塔香火未收旗脚轉回頭頃刻失長橋却到龜山未朝飯至人無心何厚薄我自懷私欣所便耕田欲雨刈欲晴去得順風來者怨若使人人禱輙遂造物應須日千變我今身世兩悠悠去無所逐來無戀得行固願留不惡每到有求神亦倦退之舊云三百尺澄觀所營今已換不嫌俗士汙丹梯一看雲山遶淮甸

龜山

我生飄蕩去何求，再過龜山歲五周。身行萬里半天下，僧臥一庵初白頭。地隔中原勞北望，潮連滄海欲東遊。元嘉舊事無人記，故壘摧頹今在不。宋文帝將拒魏太武，築城此山。

發洪澤中塗遇大風復還

風浪忽如此，吾行欲安歸。挂帆卻西邁，此計未爲非。洪澤三十里，安流去如飛。居民見我還，勞問亦依依。攜酒就船賣，此意厚莫違。醒來夜已半，岸木聲向微。明日淮陰市，白魚能許肥。我行無南北，適意乃所祈。

何勞弄澎湃終夜揺匈扉妻孥莫憂色更典篋中衣

十月十六日記所見

風高月暗雲水黄淮陰夜發朝山陽山陽曉霧如細雨炯炯初日寒無光雲收霧卷已亭午有風北來寒欲僵忽驚飛雹穿戸牖迅駛不復容遮防市人顛沛百賈亂疾雷一聲如頽墻使君來呼晚置酒坐定已復日照廊恍疑所見皆夢寐百種變怪旋消亡共言蛟龍厭舊穴魚鼈隨從空陂塘愚儒無知守章句論說黑白推何祥惟有主人言可用天寒欲雪飲此觴

廣陵會三同舍各以其字爲韻仍邀同賦

劉貢父

去年送劉郎醉語已驚衆如今各漂泊筆硯誰能弄

我命不在天羿彀未必中作詩聊遣意老大慵譏諷

夫子少年時雄辯輕子貢爾來再傷弓戢翼念前痛

廣陵三日飲相對怳如夢况逢賢主人白酒撥春甕

竹西已揮手灣口猶屢送羡子去安閑吾邦正喧鬨

孫巨源

三年客京輦憔悴難具論揮汗紅塵中但隨馬蹄翻

人情責往返不報生毀根坐令平生友終歲不及門

南來實清曠但恨無與言不謂廣陵城得逢劉與孫

異趣不兩立譬如王孫猿吾儕久相聚恐見疑排根
我褊類中散子通真巨源絶交固未敢且復東南奔

劉莘老

江陵昔相遇幕府稱上賓再見明光宮峩冠挹搢紳
如今三見子坎坷為逐臣朝遊雲霄閒欲分丞相茵
莫落江湖上遂與屈子隣了不見喜愠子豈真可人
邂逅成一歡醉語出天真士方在田里自比渭與莘
出試乃大謬芻狗難重陳歲晚多霜露歸耕當及辰

遊金山寺

我家江水初發源宦遊直送江入海聞道潮頭一丈

高天寒尚有沙痕在中泠南畔石盤陁古來出沒隨
濤波試登絕頂望鄉國江南江北青山多羈愁畏晚
尋歸楫山僧苦留看落日微風萬頃靴文細斷霞半
空魚尾赤是時江月初生魄二更月落天深黑江心
似有炬火明飛焰照山棲鳥驚悵然歸卧心莫識非
鬼非人竟何物江山如此不歸山江神見怪驚我頑
我謝江神豈得已有田不歸如江水是夜所見如此

自金山放船至焦山

金山樓觀何耽耽撞鍾擊鼓聞淮南焦山何有有脩
竹採薪汲水僧兩三雲霾浪打人迹絕時有沙戶祈

春蠶我來金山更留宿而此不到心懷慚同遊盡返
決獨往賦命窮薄輕江潭清晨無風浪自湧中流歌
嘯倚半酣老僧下山驚客至迎笑喜作巴人談自言
久客忘鄉井只有彌勒為同龕困眠得就紙帳暖飽
食未厭山蔬甘山林飢卧古亦有無田不退寧非貪
展禽雖未三見黜叔夜自知七不堪行當投劾謝簪
組為我佳處留茆庵（吳人謂水中可田者為沙焦山長老中江人也）

甘露寺

江山豈不好獨遊情易闌但有相攜人何必素所歡
我欲訪甘露當途無閑官二子舊不識欣然肯聯鞍

古柏親手種挺然誰敢干枝撐雲裂根入石蟠
筆墨雖欲盡典刑垂不刊燕恭貴皇公英姿凜以寒
破板陸生畫青猊戲盤躡上有二天人揮手如翔鸞
僧繇六化人霓衣挂冰紈隱見十二疊觀者疑夸讀
泗水逸周鼎渭城辭漢盤山川失故態怪此能獨完
蕭翁古鐵鑊相對空團團拔施受百斛積兩生微瀾
一談收制子再說走老瞞名高有餘想事往無留觀
一根石臥庭下穹隆如伏獅緬懷臥龍公挾策事調鑽
一覽吞數州山長江漫漫卻望大明寺淮見烟中竿
古郡山爲城層樓轉朱欄樓臺斷塵上地窄天水寬

薙草得斷碑斬崖出金棺瘞藏豈不牢見伏理可歎
四雄皆龍虎遺迹儼未刓方其盛壯時爭奪肯少安
廢興屬造物遷逝誰控摶況彼安庸子而欲事所難
古今共一軌後世徒辛酸聊與廣武歎不待雍門彈

次韻子由柳湖感物

憶昔子美在東屯數間茆屋蒼山根嘲吟草木調蠻獠欲與猿鳥爭啾喧子今憔悴衆所弃驅馬獨出無往還惟有柳湖萬株柳清陰與子供朝昏胡為譏評去不少借生意凌挫難為繁柳雖無言不解慍世俗乍見應憮然嬌姿共愛春濯濯豈問空腹脩虵蟠朝

看濃翠傲炎赫夜愛踈影摇清圓風翻雪陣春絮亂
蠹響啄木秋聲堅四時盛衰各有態揺落淒愴驚寒
溫南山孤松積雪底抱凍不死誰復賢

送蔡冠卿知饒州

吾觀蔡子與人遊掀髯笑語無不可平時儻蕩不驚
俗臨事迂闊乃過我横前坑穽衆所畏布路金珠誰
不裹爾來變化驚何速昔號剛强今亦頗憐君獨守
廷尉法晚歲却理鄱陽柁莫嗟天驥逐羸牛欲試良
玉須猛火世事徐觀真夢寐人生不信長轗軻知君
決獄有陰功他日老人酬魏顆

次韻楊褒早春

窮巷淒涼苦未和　君家庭院得春多　不辭瘦馬騎衝雪　來聽佳人唱踏莎　破恨徑須煩麴糵　增年誰復怨羲娥　良辰樂事古難並　白髮青衫我亦歌　細雨郊園聊種菜　冷官門戶可張羅　放朝三日君恩重　睡美不知身在何

初到杭州寄子由二絕

眼看時事力難任　貪戀君恩退未能　遲鈍終須投劾去　使君何日換聾丞

聖明寬大許全身　衰病摧頹自畏人　莫上岡頭苦相

望吾方祭竈請比隣

次韻柳子玉二首

地爐

細聲蚯蚓發銀缾擁褐橫眠天未明衰鬢鑷殘欹雪
領壯心降盡倒風旌自稱丹竈錙銖火倦聽山城長
短更聞道床頭惟竹几夫人應不解卿卿俗謂竹几為竹夫人

紙帳

亂文龜殼細相連慣卧青綾恐未便潔似僧巾白疊
布暖於蠻帳紫茸氈錦衾速卷持還客破屋那愁仰
見天但恐嬌兒還惡睡夜深踏裂不成眠

臘日遊孤山訪惠勤惠思二僧

天欲雪雲滿湖樓臺明滅山有無水清出石魚可數林深無人鳥相呼臘日不歸對妻孥名尋道人實自娛道人之居在何許寶雲山前路盤紆孤山孤絶誰肯廬道人有道山不孤紙窻竹屋深自暖擁褐坐睡依圓蒲天寒路遠愁僕夫整駕催歸及未晡出山迴望雲木合但見野鶻盤浮圖兹遊淡泊歡有餘到家恍如夢蘧蘧作詩火急追亡逋清景一失後難摹

李杞寺丞見和前篇復用元韻荅之

獸在藪魚在湖一入池檻歸期無誤隨弓旌落塵土

坐使鞭箠環呻呼追胥連保罪及孥近屢獲盜賊皆坐同保徙其家百日愁歎一日娱白雲舊有終老約朱綬豈合山人紆人生何者非蘧廬故山鶴怨秋猿孤何時自駕鹿車去掃除白髮煩菖蒲麻鞋短後隨獵夫射弋狐兎供朝晡陶潜自作五柳傳潘閬畫入三峰圖吾年凛凛今幾餘知非不去慙衞蘧歲荒無術歸亡逋鵠則易畫虎難摹

再和

東望海西望湖山平水遠細欲無野人踈狂逐漁釣刺史寛大容歌呼　君恩飽煖及爾孥才者不閑拙

者娱穿巘度嶺脚力健未厭山水相縈紆三百六十古精廬出遊無伴籃輿孫作詩雖未造藩閾破悶豈不賢楞蒲君才敏贍無百夫朝作千篇日未晡竭來湖上得佳句從此不看營丘圖知君篋櫝富有餘莫惜錦繡償營遷窮多鬭嶮誰先逋賭取名畫不用摹

遊靈隱寺得來詩復用前韻

君不見錢塘湖錢王壯觀今已無屋堆黃金斗量珠運盡不勞折簡呼四方宦遊散其孥宮闕留與閑人娱盛衰哀樂兩須臾何用多憂心鬱紆溪山處處皆可廬最愛靈隱飛來孤喬松百丈蒼髯鬚擾擾下笑

柳與蒲高堂會食羅千夫撞鍾擊鼓喧朝晡凝香方丈眠氍毹絕勝絮被縫海圖清風時來驚睡餘遂超羲皇傲几蘧歸時棲鴉正畢逋孤煙落日不可摹

戲子由

宛丘先生長如丘宛丘學舍小如舟常時低頭誦經史忽然欠伸屋打頭斜風吹帷雨注面先生不愧傍人羞任從飽死笑方朔肯為雨立求秦優眼前勃磎何足道處置六鑿須天遊讀書萬卷不讀律致君堯舜知無術勸農冠蓋鬧如雲送老鹽虀甘似蜜門前萬事不掛眼頭雖長低氣不屈餘杭別駕無功勞畫

堂五丈容旂旐重樓跨空雨聲遠屋多人小風騷騷

平生所懋今不聦坐對疲氓更鞭箠道逢陽虎呼與

言心知其非口諾唯居高忘下真何益氣節消縮今

無幾文章小技安足程先生別駕舊齊名如今衰老

俱無用付與時人分重輕

越州張中舍壽樂堂

青山偃蹇如高人常時不肯入官府高人自與山有

素不待招邀滿庭户卧龍蟠屈半東州萬室鱗鱗枕

其股背之不見與無同狐裘反衣無乃魯張君眼力

覷天奥能遣荆棘化堂宇持頤宴坐不出門收攬奇

秀得十五才多事少厭閑窈卧看雲煙變風雨笋如
玉筋椹如簪强飲且為山作主不憂兒輩知此樂但
恐造物怪多取春濃睡足午囪明想見新茶如潑乳

姚屯田挽詞

京口年來耆舊衰高人淪喪路人悲空聞韋叟一經
在不見恬侯萬石時貧病只知為善樂逍遥却恨弃
宫遲七年一别真如夢猶記蕭然瘦鶴姿

送岑著作

懶者常似靜靜豈懶者徒拙則近於直而直豈拙歟
夫子靜且直雍容時卷舒嗟我復何為相得歡有餘

我本不違世而世與我殊拙於林間鳩懶於冰底魚
人皆笑其狂子獨憐其愚直者有時信平靜者不終
居而我懶拙病不受砭藥除臨行怪酒薄已與別淚
俱後會豈無時遂恐出處踈惟應故山夢隨子到吾
廬

吉祥寺賞牡丹

人老簪花不自羞花應羞上老人頭醉歸扶路人應
笑十里珠簾半上鈎

吉祥寺僧求閣名

過眼榮枯電與風久長那得似花紅上人宴坐觀空

閣觀色觀空色即空

和劉道原見寄

敢向清時怨不容直嗟吾道與君東坐談足使淮南懼歸去方知冀北空獨鶴不須驚夜旦群烏未可辨雌雄廬山自古不到處得與幽人子細窮

和劉道原詠史

仲尼憂世接輿狂臧穀雖殊竟兩亡吴客漫陳豪士賦相侯初笑越人方名高不朽終安用日飲無何計亦良獨掩陳編弔興廢囱前山雨夜浪浪

和劉道原寄張師民

仁義大捷徑詩書一旅亭相夸綬若若猶誦麥青青

腐鼠何勞嚇高鴻本自冥顛狂不用喚酒盡漸須醒

送張職方吉甫赴閩漕六和寺中作

羨君超然鸞鶴姿江湖欲下還飛去空使吳兒怨不

留青山漫漫七閩路門前江水去掀天寺後清池碧

玉環君如大江日千里我如此水千山底

雨中遊天竺靈感觀音院

蠶欲老麥半黃前山後山雨浪浪農夫輟耒女廢筐

白衣仙人在高堂

和蔡準郎中見邀遊西湖三首

三六五

夏潦漲湖深更幽西風落木芙蓉秋飛雪闇天雲拂

地新蒲出水柳映洲湖上四時看不足惟有人生飄

若浮解顏一笑豈易得主人有酒君應留君不見錢

塘遊宦客朝推因暮決獄不因人喚何時休

城市不識江湖幽如與蟪蛄語春秋試令江湖處城

市卻似麋鹿遊汀洲高人無心無不可得坎且止乘

流浮公卿故舊留不得遇所得意終年留君不見拋

官彭澤令琴無絃巾有酒醉欲眠時遣客休

田間決水鳴幽幽插秧未遍麥已秋相攜燒筍苦竹

寺卻下踏藕荷花洲船頭斫鮮細縷縷船尾炊玉香

浮浮臨風飽食得甘寢肯使細故胸中留君不見壯士憔悴時饑謀食渴謀飲功名有時無罷休

和子由柳湖久涸忽有水開元寺山茶舊無花今歲盛開

太昊祠東鐵墓西一罇曾與子同攜回瞻郡閣遥飛檻北望樯竿半隱堤飯豆羹藜思兩鵠飲河㵝水賴長蜺如今勝事無人共花下壺盧鳥勸提

長明燈下石欄干長共杉松鬬歲寒葉厚有稜犀甲健花深少態鶴頭丹久陪方丈曼陁雨羞對先生首蓿盤雪裏盛開知有意明年歸後更誰看

六月二十七日望湖樓醉書

黑雲翻墨未遮山白雨跳珠亂入船卷地風來忽吹散望湖樓下水如天

放生魚鼈逐人來無主荷花到處開水枕能令山俯仰風船解與月裴回

烏菱白芡不論錢亂繫青菰裹綠盤忽憶嘗新會靈觀滯留江海得加餐

獻花游女木蘭橈細雨斜風濕翠翹無限芳洲生杜若吳兒不識楚詞招

未成小隱聊中隱可得長閑勝暫閑我本無家更安

往故鄉無此好湖山

七月一日出城舟中苦熱

涼飇呼不來流汗方被體稀星乍明滅暗水光瀰瀰
香風過蓮芡驚枕裂魴鯉欠伸宿酒餘起坐濯清泚
火雲勢方壯未受月露洗身微欲安適坐待東方啓

宿餘杭法喜寺寺後緑野亭望吴興諸山

懷孫莘老學士

徙倚秋原上淒涼晩照中水流天不盡人遠思何窮
問諜知秦過看山識禹功餘杭始皇所舍舟也西北舟枕山堯水繫舟山上
稻涼初吠蛤柳老半書蟲荷背風翻白蓮腮雨退紅

追遊慰遲暮覔句效兒童北望苕溪轉遥憐震澤通
烹魚得尺素好在紫髯翁

宿臨安淨土寺

鷄鳴發餘杭到寺已亭午參禪固未暇飽食良先務
平生睡不足急掃清風宇閉門群動息香篆起煙縷
覺來烹石泉紫筍發輕乳晚凉沐浴罷衰髮稀可數
浩歌出門去暮色入村塢微月半隱山圓荷爭瀉露
相攜石橋上夜與故人語明朝入山房石鏡烱當路
昔照熊虎姿今為猿鳥顧廢興何足弔萬世一仰俯

自淨土步至功臣寺

落日岸葛巾晚風吹羽扇松間野步穩竹外飛橋轉神功鑿橫嶺巘石得巨片直度千人溝下有微流泣岡巒蔚回合金碧爛明絢緬懷異姓王負擔此鄉縣長逢跨下辱屢乞桑間飯誰謂山石頑識此斋世彦凜然英氣逼屹起猶聳戰他年萬騎歸父老恣歡宴錦繡被原野金珠散貧賤賣鬻既入朝吴芮空記面榮華坐銷歇閟世如郵傳惟有長明燈依然照深殿

遊徑山

衆峰來自天目山勢若駿馬奔平川中塗勒破千里足金鞭玉鐙相回旋人言山佳水亦佳下有萬古蛟

龍淵道人天眼識王氣結茆宴坐荒山巔精誠貫山石為裂天女下試顏如蓮寒窓暖足來朴握夜鉢呪水降蜿蜒雪眉老人朝扣門願為弟子長參禪爾來廢興三百載奔走吴會輸金錢飛樓湧殿壓山破朝鍾暮鼓驚龍眠晴空偶見浮海蜃落日下數投村鳶有生共處覆載内擾擾膏火同烹煎近來愈覺世議隘每到寬處差安便嗟余老矣百事廢却尋舊學心茫然問龍乞水歸洗眼欲看細字銷殘年龍斤水洗病眼有效

自徑山回得吕察推詩用其韻招之宿湖上

多君貴公子愛山如愛色心隨葉舟去夢遶千山碧
新詩到中路令我喜折屐古來軒冕徒操捨兩悲慄
數朝詞簪笏兩脚得暫赤歸來不入府却走湖上宅
寵辱吾久忘盜畏官長詰飄然便欲去誰在子思側
君能從我遊出郭及未黑

宿望湖樓再和

新月如佳人出海初弄色娟娟到湖上瀲瀲搖空碧
夜涼人未寢山靜聞響屐騷人故多感悲秋更憀慄
君胡不相就朱墨紛黝赤我行得所嗜十日忘家宅
但恨無友生詩病莫訶詰君來試吟味定作鶴頭側

攺罷心愈疑滿紙蛟虵黑

夜泛西湖五絶

新月生魄迹未安纔破五六漸盤桓今夜吐艶如半壁游人得向三更看

三更向闌月漸垂欲落未落景特奇明朝人事誰料得看到蒼龍西没時

蒼龍已没牛斗横東方芒角昇長庚漁人收筒及未曉船過惟有菰蒲聲（湖上禁漁皆盜釣者也）

菰蒲無邊水茫茫荷花夜開風露香漸見燈明出遠寺更待月黑看湖光

湖光非鬼亦非仙風恬浪靜光滿川須臾兩兩入寺
去就視不見空茫然

焦千之求惠山泉詩

茲山定空中乳水滿其腹遇隙則發見臭味實一族
淺深各有值方圓隨所蓄或為雲洶涌或作綫斷續
或鳴空洞中雜佩間琴筑或流蒼石縫宛轉龍鸞蹙
瓶罌走四海真偽半相瀆貴人高宴罷醉眼亂紅綠
赤泥開方印紫餅截圓玉傾甌共歎賞竊語笑僮僕
豈如泉上僧盥灑自挹掬故人憐我病蒻籠上寄新
馥欠伸北窓下晝睡美方熟精品厭凡泉願子致一

斛

荅任師中次韻來詩勸以詩酒自娛

閑裏有深趣常憂兒輩知已成歸蜀計誰借買山資

世事久已謝故人猶見思平生不飲酒對子敢論詩

沈諫議名遊湖不赴明日得雙蓮於北山下作一絕持獻沈既見和又別作一首因用其韻

湖上棠陰手自栽問公更得幾回來水仙亦恐公歸去故遣雙蓮一夜開

詔書行捧縷金牋樂府應歌相府蓮莫忘今年花發

處西湖西畔北山前

和歐陽少師會老堂次韻

一時冠蓋盡嚴終舊德年來豈易逢聞道堂中延蓋叟定應牀下拜梁松蠹魚自晒閑箱篋科斗長收古鼎鍾我欲弃官重問道寸筳何以得春容

和歐陽少師寄趙少師次韻

朱門有遺啄千里來燕雀公家冷如冰百呼無一諾平生親友半遷逝公雖不怪旁人愕世事如今臘酒醲交情自古春雲薄二公凛凛和非同疇昔心親豈貌從白須相瞱松間鶴清句更平酬雪裏鴻何日楊

雄一㔶足却追范蠡五湖中

監試呈諸試官

我本山中人寒苦盜寸廩文詞雖少作勉强非天禀

既得旋廢忘懶惰今十稔麻衣如再著墨水真可飲

每聞科詔下白汗如流瀋此邦東南會多士敢題品

芻蕘盡蘭蓀香不數葵荏貧家見珠貝眩晃自難審

緬懷嘉祐初文格變已甚千金碎全璧百納收寸錦

調和樹桂䃮咀嚼沙礫磣廣眉成半額學步歸踔踸

維時老宗伯氣壓群兒凜蛟龍不世出魚鮪初驚淰

至音久乃信知味猶食椹至今天下士微管幾左衽

謂當千載後石室祠高朕爾來又一變此學初誰諗
權衡破舊法芻豢笑凡飣高言追衞樂篆刻鄙曹沈
先生周孔出弟子淵騫寢卻顧老鈍軀頑朴謝鐫鋟
諸君況才傑容我懶且噤聊欲廢書眠秋濤春午枕

望海樓晚景五絕

海上濤頭一線來樓前指顧雪成堆從今潮上君須
上更看銀山二十回
橫風吹雨入樓斜壯觀應須好句誇雨過潮平江海
碧電光時掣紫金虵
青山斷處塔層層隔岸人家喚欲譍江上秋風晚來

急為傳鍾鼓到西興

樓下誰家燒夜香玉笙哀怨弄初涼臨風有客吟秋
扇拜月無人見晚粧

沙河燈火照山紅歌鼓喧喧語笑中為問少年心在
否角巾欹倒鬢如蓬

試院煎茶

蟹眼已過魚眼生颼颼欲作松風鳴蒙茸出磨細珠
落眩轉遶甌飛雪輕銀瓶瀉湯誇第二未識古人煎
水意古語云煎水不煎茶君不見昔時李生好客手自煎貴從
活火發新泉又不見今時潞公煎茶學西蜀定州花

瓷瑑紅玉我今貧病長苦飢分無玉盌捧娥眉且學
公家作茗飲摶爐石銚行相隨不用撐腸拄腹文字
五千卷但願一甌常及睡足自高時

孫莘老求墨妙亭詩

蘭亭繭紙入昭陵世間遺迹猶龍騰顔公變法出新
意細筋入骨如秋鷹徐家父子亦秀絶字外出力中
藏稜嶧山傳刻典刑在千載筆法留陽冰杜陵評書
貴瘦硬此論未公吾不憑短長肥瘠各有態玉環飛
燕誰敢憎吴興太守真好古購買斷缺揮縑繒龜趺
入坐螭隱壁空齋晝靜聞登登奇蹤散出走吴越勝

事傳說誇友朋書來乞詩要自寫為把栗尾書谿藤
後來視今猶視昔過眼百世如風燈他年劉郎憶賀
監還道同時須伏膺

李公擇求黃鶴樓詩因記舊所聞於馮當
世者

黃鶴樓前月滿川抱關老卒飢不眠夜聞三人笑語
言羽衣著屐響空山非鬼非人意其仙石扉三扣聲
清圓洞中鏗鋐落門關縹緲入石如飛煙雞鳴月落
風馭還迎拜稽首願執鞭汝非其人骨腥羶黃金乞
得重莫肩持歸包裹弊席氈夜穿茅屋光射天里閭

來觀已變遷似石非石鉛非鉛或取而有衆忿喧訟
歸有司今幾年無功暴得喜欲顛神人戲汝真可憐
願君為考然不然此語可信馮公傳

八月十日夜看月有懷子由幷崔度賢良

宛丘先生自不飽更笑老崔窮百巧一更相過三更
歸古柏陰中看參昴去年舉君苜蓿盤夜傾閩酒赤
如丹今年還看去年月露冷遥知范對寒典衣自種
一項豆那知積雨生科斗歸來四壁草蟲鳴不如王
江長飲酒 王江州陳道人

催試官考較戲作

八月十五夜月色隨處好不擇茆簷與市樓況我官居似蓬島鳳咮堂前野橘香鮲潭橋畔秋荷老八月十八潮壯觀天下無鯤鵬水擊三千里組練長驅十萬夫紅旗青蓋互明滅黑沙白浪相吞屠人生會合古難必此景此行那兩得願君聞此添蠵燭門外白絕如立鵠

八月十七復登望海樓自和前篇是日牓出余與試官兩人復留五首

樓上煙雲怪不來樓前飛紙落成堆非關文字須重看却被江山未放廻

眼昏燭暗細行斜考閲精强外已誇明日失杯君莫
怪早知安足不成虵
亂山遮曉擁千層睡美初涼撼不譍昨夜酒行君屢
歎定知歸夢到吴興
天台桂子為誰香倦聽空堦夜點涼賴有明朝看潮
在萬人空巷鬭新粧
秋花不見眼花紅身在孤舟兀兀中細雨作寒知有
意未教金菊出蒿蓬

東坡集卷第三